ックス

aders

Level

2

裸の王様

アンデルセン［原作］
NPO多言語多読［簡約・監修］
佐々木英子［挿絵］

大修館書店

昔ある国に、一人の王様がいました。王様はきれいな服が大好きでした。一日に何回も新しい服を着ました。そして、仕事をしないで、いつも鏡の前にいました。王様は、新しい服にたくさんお金を使いました。

ある日、この国へ二人の悪い男が来ました。二人は言いました。

「私たちは服屋です。とてもきれいな服を作ることができます。その服はきれいなだけではありません。頭がいい人には見えますが、ばかな人には見えないのです」

町の人たちは、この話を聞いてびっくりしました。みんなが毎日この話をしましたから、この話はすぐに王様の耳に入りました。

王様は言いました。

「きれいな服？　そして、頭がいい人とばかな人がわかる服？　それは面白い。私はその服が欲しい！　その二人の服屋をすぐに連れてきなさい」

二人の男は王様のところへ来ました。王様は二人に言いました。

「きれいな服を作りなさい」

二人は答えました。

「はい、王様。でも、きれいな服は、お金がたくさんかかります」

王様は言いました。

「お金はたくさんある。早く作りなさい」

二人は、王様からたくさんのお金をもらいました。王様は二人に、

「この部屋を使いなさい」

と言いました。二人は部屋の中で仕事を始めました。

次の日、二人は部屋から出てきて、

「もっとお金がかかります」

と言いました。そして、お金をもらって、また部屋の中で仕事をしました。

王様は早く新しい服が見たいです。でも、新しい服は、ばかな人には見えません。

王様は心配になりました。王様は国で一番頭がいい家来に、

「服を見てきなさい」

と言いました。

家来は二人の部屋へ行きました。二人は忙しく服を作っていました。

家来は言いました。

「服はどこですか」

二人が答えました。

「ここです。どうですか」

「いい色でしょう？」

二人は服を手に持って見せました。家来は、びっくりしました。何も見えません。

——えっ、私は、ばか？——

家来は困って、急いで言いました。

「ああ、ああ、きれいな色ですね！」

そして、家来は王様のところへ帰って、

「とてもきれいな色でした」

と言いました。王様は喜びました。そして、

「早く新しい服を着て町を歩きたい。みんなに見せたい」

と言いました。

その日の夜、二人の男は部屋の中で話しました。

「ばかだな、あの家来は」

「きれいな色だと言ったね」

二人は大きな声で笑いました。


三日後、二人の男は新しい服を持って、王様のところへ行きました。

「さあ、王様、新しい服です。このきれいな色を見てください。どうぞ着てください」

王様はびっくりしました。何も見えません。

——えっ、私は、ばか？　これは困った——

「さあ、早くこの服を着てください」

二人は鏡の前で言いました。

「とても軽い服ですよ、王様」

「ああ、軽い…」

「さあ、これがズボンです」

「ああ、ズボンか…」

——私には見えない。

でもみんなは見える…——

王様はとても困って、家来たちを
見ました。

「どうだ、この服は？」

と聞きました。家来たちも何も見えません。でも、「見えない」と言うことはできません。

困りましたが、急いで言いました。

「王様、とてもきれいです」

「王様、とても立派です」

王様はそれを聞いて、

——私だけ見えないんだ——

と思いました。でも、「見えない」と言うことはできません。

王様は二人の男にたくさんのお金や食べ物をあげました。

二人はそれをもらうと、

「では、私たちは帰ります」

と言って、すぐに町を出ていきました。

王様は、
「よし、 町を歩いて、 この 新しい服を
みんなに見せるぞ！」
と言いました。 王様とたくさんの家来たちは
町へ出ていきました。

王様の前をたくさんの家来が歩きます。

王様の後ろもたくさんの家来が歩きます。

それを見に、 たくさんの町の人たちも家から
出てきました。

「王様の 新しい服はどんな服かな」

「ばかな人には見えないんだよ」

町の人たちはみんな王様の新しい服が見たいです。でも、町の人たちは王様を見てびっくりしました。

――えっ、王様の服は……――

町の人たちは困りました。王様の服が見えません。でも、「見えない」と言うことはできません。

町の人たちはみんな、

「わあ、きれいだなあ」

「立派な服だなあ」

と、大きい声で言いました。王様はそれを聞いてうれしくなりました。そして、もっとたくさんの人に見せたいと思いました。

王様は前を見て、頭を高く上げて、ゆっくり歩きました。たくさんの家来たちも王様の後ろを歩きました。

その時、一人の子どもが言いました。

「どうして王様は何も着ていないの？」

もう一人の子どもも言いました。

「王様が裸で歩いているよ。面白いね」

それを聞いて、町の人たちは言いました。

「えっ何も着ていない？　裸？」

「私だけじゃない。みんなも見えないんだ」

「じゃ、王様は裸で歩いているんだ！」

「それじゃ、王様は…」

「裸の王様だ！」

町の人たちはみんな大きな声で笑いました。

その声は王様にも聞こえました。

——私は裸？　みんなも見えない？——

王様は顔が赤くなりました。でも、みんなが見ています。王様は裸で歩きました。

前を見て、頭を高く上げて、ゆっくり歩きました。

●原作者

ハンス・クリスチャン・アンデルセン

Hans Christian Andersen（1805-1875）

＊　＊　＊

デンマークで生まれました。家は貧乏で、小学校にあまり通えませんでしたが、読書がとても好きでした。30歳の頃書いた小説『即興詩人』が世界的に有名になり、本書のほか、『みにくいアヒルの子』『人魚姫』『マッチ売りの少女』など、たくさんの童話を作りました。今も世界中の子どもに愛されています。

学習者のみなさんへ

- 楽しみながらたくさん読むと、日本語が自然に身につく、これが多読です。「にほんご多読ブックス」は、多読のための読みものです。わからない言葉があっても絵を見たり、先を読めばわかるように作られています。言葉や文法は気にしないでください。内容を楽しみましょう。

- どんなレベルの人でも、レベル 0 から読んでみましょう。母語に訳さないで、日本語のまま、すらすら読むことが大切です。

- 音声を聞きながら読む「聞き読み」もためしてみてください。とくに、読むスピードが遅くなったと感じたときや難しいと感じたとき、「聞き読み」してみると効果があります。日本語の音に慣れることも大切です。

- 「にほんご多読ブックス」だけではなく、日本人向けの絵本、漫画、アニメブックスなどもどんどん読みましょう。NPO 多言語多読の「多読に適した一般の読みもの」のページを参考にしてください。

  → https://tadoku.org/japanese/tadoku-friendly-books/

- 本の感想をぜひ送ってください。

  宛先：NPO多言語多読（tadokubooks@tadoku.org）

[監修者紹介]

NPO 多言語多読（エヌピーオー　たげんごたどく）

2002年に日本語教師有志が「日本語多読研究会」を設立し、日本語学習者のための多読用読みものの作成を開始した。2012年「NPO 多言語多読」と名称を変更し、日本語だけでなく、英語、韓国語など、外国語を身につけたい人や、それを指導する人たちに「多読」を提案し、支援を続けている。http://tadoku.org/

主な監修書：『にほんご多読ブックス』vol. 1 ～ 10（大修館書店）、『レベル別日本語多読ライブラリー　にほんご　よむよむ文庫』スタート、レベル 0 ～ 4（それぞれ vol. 1 ～ 3）、『日本語教師のための多読授業入門』（ともにアスク出版）、『日本語多読 上下巻』（WEB JAPANESE BOOKS）

＊ この本を朗読した音声は、NPO 多言語多読のウェブサイトからダウンロードできます。https://tadoku.org/japanese/audio-downloads/tjr/#audiodownload-01

〈にほんご多読（たどく）ブックス〉 vol. 1-6
裸（はだか）の王様（おうさま）

NDC817／16p／21cm

初版第1刷――2016年6月10日
第2刷――2024年5月 1 日

原作者――ハンス・クリスチャン・アンデルセン
監修者――NPO 多言語多読（たげんごたどく）
発行者――鈴木一行
発行所――株式会社 大修館書店
〒113-8541　東京都文京区湯島2-1-1
電話　03-3868-2651（販売部）　03-3868-2290（編集部）
振替　00190-7-40504
[出版情報]　https://www.taishukan.co.jp

イラスト――佐々木英子
表紙組版――明昌堂
印刷・製本所―壮光舎印刷

ISBN978-4-469-22249-4　　Printed in Japan

朗読音声のご案内

この本を朗読した音声は、NPO多言語多読のウェブサイトから
ダウンロードできます。

▶https://tadoku.org/japanese/audio-downloads/tjr/#audiodownload-01

〈にほんご多読ブックス〉 レベル/語数/文法のめやす

		JLPT	語数	1話あたりの字数	主な文法事項
0	入門	N5	350	～400	現在形，過去形，疑問詞，～たい　など（基本的に「です・ます体」）
1	初級前半		350	400～1,500	
2	初級後半	N4	500	1,500～3,000	辞書形，て形，ない形，た形，連体修飾，～と（条件），～から（理由），～なる，～のだ，など
3	初中級	N3	800	2,500～6,000	可能形，命令形，受身形，意向形，～とき，から，たら・ば・なら，～そう（様態），～よう（推量・比喩），複合動詞　など
4	中級		1,300	5,000～15,000	使役形，使役受身形，～そう（伝聞），～らしい，～はず，～もの，～ようにする／なる，ことにする／なる　など
5	中上級	N2	2,000	8,000～25,000	機能語・複合語・慣用表現・敬語など　例）～につれて，～わけにはいかない，切り開く／召し上がる，伺う

JLPT

日本語能力試験（JLPT）のレベルについては、「日本語能力試験公式ウェブサイト」の「N1～N5：認定の目安」（http://www.jlpt.jp/about/levelsummary.html）を参考にしました。

ふりがな（ルビ）のふり方

レベル0～2…すべての漢字とカタカナ／レベル3，4…すべての漢字／
レベル5…小学校三年生以上で習う漢字